Norden

Schau öfter nach Norden.
Geh gegen den Wind, das gibt rotere Backen.
Such den unwegsamen Pfad. Folge ihm.
Er ist kürzer.
Norden ist am besten.
Des Winters Flammenhimmel, der Sommer-
nacht Sonnenmirakel.
Geh gegen den Wind. Steig auf Berge.
Schau öfter
nach Norden.
Dies Land ist lang.
Das meiste ist Norden.

Rolf Jacobsen

Nur dünne Nadeln --

So dünn das Licht.
Und so wenig davon. Das Dunkel
ist groß.

Es sind nur dünne Nadeln von Licht
in einer endlosen Nacht.
Und es hat so weite Wege zu gehen
durch so öde Räume.

Lasst uns deshalb achtsam damit sein.
Es behüten.
Damit es morgen wiederkommt.
Hoffen wir's.

Rolf Jacobsen

Das Leben ist merkwürdig
Wenn alles hoffnungslos ist
ist es wie ein Traum
ein Albtraum

Und wenn die Sonne scheint
auf alles, was uns umgibt,
ist das ganze Leben ein Traum.

Nils-Aslak Valkeapää

Über den Bergen am frostgrünen
Himmel sind Flammen am Züngeln.
Nacht der Sehnsucht.
Nachts des Nordlicht.
Unstet flackernd auf der Suche weit - noch weiter
tief hinein in der Welten endlos-unerforschten Raum.

Jan Magnus Bruheim

Nordlichtband

Gelassen stieg die Nacht ans Land,
Lehnt träumend an der Berge Wand,
Ihr Auge sieht die goldne Waage nun
Der Zeit in gleichen Schalen stille ruhn;
Und kecker rauschen die Quellen hervor,
Sie singen der Mutter, der Nacht, ins Ohr
Vom Tage
Vom heute gewesenen Tage.

Eduard Möricke

Mitternachtssonne, Vesterålen

Mittsommernacht

Am schönsten ist's, wenn die Dämmerung fällt.
All die Liebe, die der Himmel enthält,
sammelt sich in einem dunklen Licht,
über der Erde,
über den Häusern der Welt.

Pär Lagerkvist

Morgenstimmung

Himmel und Erde -

was ist das eine und was ist das andere

in einer Stunde wie dieser,

in der nur Gutes strömt.

Tarjei Vesaas

Und wird wie heut der junge Erdentag
Von keinem Gestern wissen mehr noch sagen,
Und wird wie heut doch jeder Sommerwind
Aus tausend Tagen, die vergessen sind,
Geheime Süße auf den Hügeln tragen!

Lulu von Strauss und Torney

Sommernacht bei Bleik

Die Sonne scheint für Dich - Deinethalben
und wenn sie müde wird, fängt der Mond
an und dann werden die Sterne angezündet.
Lerne von der Lilie und lerne
von dem Vogel, Deinen Lehrern.
Zu sein heißt, für heute da sein. Das ist Freude.
Lilie und Vogel sind unsere Lehrer der Freude.

Søren Kierkegaard

Der Himmel, groß, voll herrlicher Verhaltung,
in Vorrat Raum, ein Übermaß von Welt.
Und wir, zu ferne für die Ausgestaltung,
zu nahe für die Abkehr hingestellt.

Da fällt ein Stern! Und unser Wunsch an ihn,
bestürzten Aufblicks, dringend angeschlossen:
Was ist begonnen, und was ist verflossen?
Was ist verschuldet? Und was ist verziehn?

Rainer Maria Rilke

Vogelfelsen, Ekkerøy

Und Schwärme von Vögeln steigen empor
bilden des Himmels Blütenflor
und von neuem erscheint durch der Hoffnung Tor
der Mitternachtssonne Wunder.

Nordahl Grieg

Die Morgenluft ist wie Wellenschaum.
Der Tag hat Wärme, sich dran zu erfreuen.
Der Abend hat Frieden.
Doch nur die Nacht hat Weltenraum.

André Bjerke

Jetzt

Ein sehr kleines Wort.

Jetzt.

Und doch umfasst es

die ganze Ewigkeit.

Hans Børli

Angeln in der Mitternachtssonne

Mir gefällt die Nacht. Es scheint, als ob es die Nacht nicht geben soll. Ewig wird von des Tages und der Sonne Pracht geredet. Natürlich sind sie prachtvoll

für Augen und Sinne. Doch gibt es Kämmerlein in uns,
die das Sonnenlicht nicht erreicht, und in die nur
die Nacht vorzudringen wagt.

Sigbjørn Obstfelder

Sommernacht auf Andøya

Jetzt löst die Sonne ihr blondes Haar
im ersten Tageserglühen
und breitet es aus übers Frühlingsland,
wo tausende Blumen blühen.

Pär Lagerkvist

Warm

Du bist warm

Sonne schüchtern morgenrot

auch sie warm

Das Meer schmeckt nach Salz

Ein Boot gleitet hinaus

Der Morgen ist die Zeit für einen klaren Blick

Morgenmeer

ein Versprechen von Zukunft

Nils-Aslak Valkeapää

Ich bin das Dunkel. Das Dunkel,
das die tausend schwankenden Lichter
so schmerzlich klar scheinen lässt.

Ich liebe die brennenden Lichter,
liebe die Flamme,
die sich zur Seite neigt

und ekstatisch bebt
vor dem Atem der Nacht.
Ich wünschte, ich wäre

lebendig wie die Flamme, doch
ich bin das Dunkel,
das die Lichter scheinen lässt.

Hans Børli

Lovund und Træna in der Mitternachtssonne

In jüngeren Tagen war ich des Morgens froh,

des Abends weinte ich; Jetzt da ich älter bin,

beginne ich zweifelnd meinen Tag,

doch heilig und heiter ist mir sein Ende.

J. C. F. Hölderlin

Es ist eine Verwandtschaft zwischen den glücklichen Gedanken und den Gaben des Augenblicks: beide fallen vom Himmel.

Friedrich von Schiller

Ich lausche

aufs Neue:

Laute des Frühlings verweilen in mir,

werden heller.

Und die Laute sind nicht länger

nur Laute.

sondern auch Licht,

Licht endloser Tage ...

B. Moske

Stockfische auf den Lofoten

Kompletorium

Am Abend

eintreten

in eine Kathedrale

allein sein

vereint mit all den anderen

die allein sind

gesammelt

ganz still

um durchzudringen

mit dem flackernden Licht des Denkens

zu dem Zwielicht

tief in uns selbst.

Olga Egeland

Buckelwale

Die Mitternachtssonne

fängt

den Nachtschlaf

in goldenem

Lasso

zeigt ihre

Glanznummer

den Zeitverwirrten

Olava Bidtnes

Ich sah, dass es schön war:
Die schwarzen und grauen Berge,
majestätisches Ebenholz und Silber.

Abgebildet auf Siebdruck
vor einem leuchtenden Himmel.

Liv Lundberg

Ich könnte stundenlang mich nachts
in den gestirnten Himmel vertiefen,
weil mir diese Unendlichkeit
fernher flammender Welten
wie ein Band zwischen diesem
und dem künftigen Dasein erscheint.

Wilhelm von Humboldt

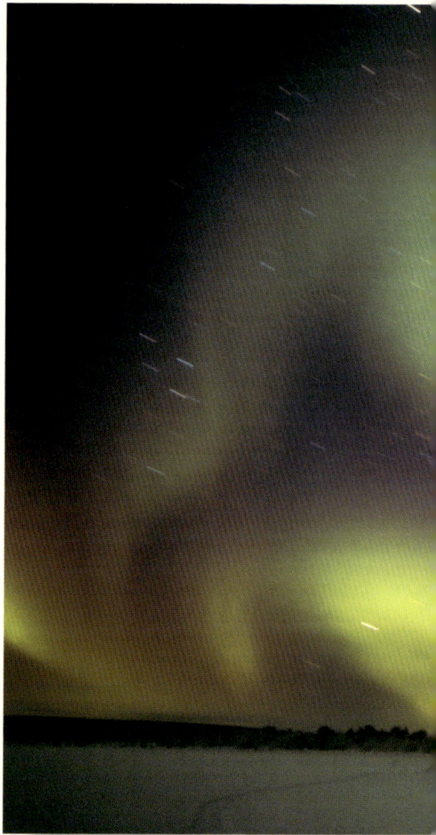

Text- und Bildredaktion: Jens-Uwe Kumpch und Snorre Aske
Idee und Layout: Natur og Kulturforlaget
Mitarbeit: Ulrich Linnemann

Quellennachweise:

Rolf Jacobsen: Nord (Einleitung), in: Nattåpent, Gyldendal 1985 und
Bare tynne nåler (S. 3) , in: Pusteøvelse, Gyldendal 1975, übersetzt von Wolfgang Butt

Nils-Aslak Valkeapää (S. 5+31): Vindens veier, Tiden 1990, übersetzt von J.U.Kumpch

Jan-Magnus Bruheim: Brevet til kjærligheten (Auszug), Aschehoug 1977,
übersetzt von U. Linnemann

Pär Lagerkvist: Men värfor finns ropet (Auszug), übersetzt von W. Butt, in: Aftonlandet (1953).
(S. 29) übersetzt von W. Butt, fra: Ordens musikk, utgitt av Göran Hassler,
Litteraturfrämjandet 1990

Tarjei Vesaas: Du og eg heilt stille, übersetzt von W. Butt, in: Leiken og lynet,
Gyldendal 1947.

André Bjerke: Natten (Auszug), übersetzt von W. Butt, in: Syngende jord,
Aschehoug 1940

Hans Børli: (S. 24) Nå , übersetzt von W. Butt, in: På harmonikk, Aschehoug 1991
(S. 32) Jeg er mørket, übersetzt von W. Butt, in: Brønnen utanfor Nachors stad,
Aschehoug 1966

B. Moske: I ura vil jeg gjømme, übersetzt von U. Linnemann, in: H.Gaski – Våja våja nana nana,
Cappelen 1991

Olga Egeland: Kompletorium, übersetzt von W. Butt, in: Miniatyrer, Aschehoug 1973

Olava Bidtnes: Midtnattsolen, übersetzt von J.U. Kumpch, in: Nordnorsk temperament,
Kagge 2001

Liv Lundberg: Skjønnhet og slit (Auszug), übersetzt von J.U. Kumpch, in: Ny nordnorsk lyrikk,
Tiden 1978

Fotografen: www.nettfoto.no, omslag og s. 7, 9, 11, 17, 27, 31, 33, 37, 39, 41, 45, Jørn B. Olsen / Rolf Sørensen /NN/ Samfoto, s.3, Arvid Sveen s. 5, Tore Wuttudal /NN/ Samfoto s. 13, Bård Løken /NN/ Samfoto s. 15, 29, Bjørn Erik Olsen s. 19, Pål Hermansen /NN/ Samfoto s. 21, Jorma Lutha s. 23, Asgeir Helgestad /NN/ Samfoto s. 25, Øystein Søbye /NN/ Samfoto s. 35, Alaskastock s. 43, www.Naturfoto.se s. 47.